LES ENTREPRENEURS

ENTREPRIS,

OU

COMPLAINTE D'UN MUSICIEN, *travenol*

OPPRIMÉ PAR SES CAMARADES,

ADRESSÉE

AUX PROTECTEURS ET AUX PROTECTRICES

Des Sciences & des beaux Arts.

ÉPITRE

AUX PROTECTEURS ET AUX PROTECTRICES

Des Sciences & des Beaux Arts.

COMME le Dieu Fâlot, qu'on craint & n'aime guères,
Qui du Ciel fut exclu par ſes divins Confrères,
Je me vois exilé de la Cour d'Apollon
     Par des Joueurs de Violon.
Sans avoir cependant, comme ce Dieu critique,
Lancé contre aucun d'eux un ſeul trait ſatyrique.
Onc de leurs actions je ne fis le journal,
Ni n'ai ſur leur chapitre eu le moindre entretien.
Ils m'ont trop fait de bien pour en dire du mal,
Ils m'ont trop fait de mal pour en dire du bien. (1)
    De ces Ménétriers notables
    L'Arrêt outrageant & fatal,
    Qui me réduit à l'Hôpital,
M'oblige à réclamer vos bontés ſecourables.
    Votre amour pour tous les talens,
    Vos cœurs toujours compatiſſans
    Souffriront-ils d'intelligence,
Qu'après avoir ſervi, preſque dès mon enfance,

(1) CORN.

A ij

Dans la Troupe des Rís, des Jeux & des Plaifirs,
Confacrée à l'honneur d'amufer vos loifirs,
Je fois incorporé par des gens de ma forte
    Dans la déplorable Cohorte
    De la Mifére, du Chagrin,
    Et du plus barbare Deftin ?

    Dès qu'un Muficien, quelque bon qu'il puiffe être,
N'eft plus de l'Opéra qu'un Sujet réformé ;
En vain il prend toujours la qualité de Maître,
Par tous les Ecoliers fon Art eft diffamé.
Il faut donc malgré moi délaiffer la Mufique,
Et céder aujourd'hui le fond de ma Boutique.

    Si j'avois un honnête & convenable emploi,
Qui me valût par an feulement huit cent livres,
Je ne fouffrirois pas de la cherté des vivres,
Et je ferois fans doute auffi content qu'un Roi.
Le Deftin à Paris a beau m'être contraire,
    Je ne puis raifonnablement
A mon âge tenter le projet téméraire
    D'aller ailleurs chercher à plaire,
    Bien que je fois précifément
Eloigné de trente ans de l'âge octogénaire.

    Je ne fuis point malade irrémédiablement :
    Le mal que j'ai préfentement
    N'eft plus qu'une fuite ordinaire

De celui qui précédemment
M'accabla si cruellement.

D'ailleurs quelque peu de courage
Sait en moi suppléer à ma débilité.
Car , sans avoir jamais un lucratif Ouvrage ,
Je travaille toujours avec activité ,
Et beaucoup d'assiduité.

Ainsi , quand je serois en effet incapable
De servir à présent dans le corps admirable
Dont je suis évincé ; j'imagine pouvoir ,
Excepté sur le Mont Parnasse ,
Remplir un facile devoir
Dans quelqu'autre petite Place.
Or il ne tient qu'à vous de me la faire avoir.
Daignez donc promptement m'accorder cette grace ;
Le plûtôt sera le meilleur.
A moins que , pour le mieux , vos cœurs en ma faveur ,
Signalans autrement leur bonté , leur Noblesse ,
Fassent que mon unique Emploi
Soit d'adresser à Dieu sans cesse
Des vœux & pour vous & pour moi.

TRAVENOL.

*Demeurant ruë & près la Barriere de Séve , à coté du
Bureau du laissé passé de ladite Barriere , vis-à-vis la ruë
S. Romain , dans la Maison de Madame Jourdant.*

So c r a t e , qui sembloit dans son adversité

Posséder tous les biens de cette humaine vie,

Et qui , par le secours de la Philosophie,

Portoit patiemment l'Hyver Robe d'Eté ,

Ne demanda jamais à personne une Obole.

Mais il dit franchement , pour avoir la Pistole ,

Si j'étois en argent , j'aurois un bon Chapeau

Et j'acheterois un Manteau.

MEMOIRE

POUR le Sieur **TRAVENOL** , Ex-Musicien du Roi de Pologne , Grand Duc de Lithuanie , Duc de Lorraine & de Bar.

CONTRE le Sieur MONDONVILLE , Ex-Musicien du ROI, le Sieur CAP-PERAN , Ex-Musicien de l'Opéra, & la Dame ROYER , tous trois Entrepreneurs & Directeurs du Concert Spirituel.

IL n'est guères d'hommes qui ne croyent avoir sujet de se plaindre de la Fortune , quelque favorable même qu'elle leur soit ; parce qu'ils

font perfuadés qu'elle ne leur a pas encore, difpenfé autant de bien qu'ils en méritent. Mais, parmi tous les mécontens qu'elle fait, il en eft qui ont lieu de murmurer contre elle, fans qu'on puiffe, pour cela, les accufer d'avoir trop d'ambition & trop d'amour-propre. J'ai le malheur d'être de ce nombre. Elle a toujours été contraire à toute ma famille, & m'a continuellement accablé de fes plus cruelles difgraces. Or quand la Fortune fe déchaîne ainfi contre nous, tout le monde nous abandonne, & notre adverfité, aux yeux de nos meilleurs amis, femble être un mal contagieux. Ils ne veulent plus nous voir : ils paffent de l'amitié à l'indifférence, de l'indifférence au mépris, & fouvent du mépris à la haine. Alors ils nous déclarent la guerre, & fe réuniffent tous pour achever de nous écrafer. En vain nous leur demandons quartier ; ils n'écoutent que l'orgueil, & l'intérêt, qui animent leur injuftice, & leur inhumanité.

Voilà précifément comme ont agi à mon égard les Entrepreneurs du Concert Spirituel. Le Sr. Capperan l'un de ces Entrepreneurs, cidevant mon Camarade d'Opéra pour la Baffe, & fe difant mon ami depuis plus de vingt ans, le Sr. Capperan, dis-je, eft celui qui m'a moins ménagé que les autres. Devois-je le foupçonner d'avoir de l'averfion pour moi, & me défier de lui comme d'un Arcam, (1) ou d'un Amphifbéne ? (1) Il est vrai que l'amitié ne pouvoit guères avoir de part à nos liaisons, Car son caractère & le mien n'ont aucune affinité l'un avec l'autre , & il y a peut – être même une aussi grande antipathie entre nous deux , que celle que la Nature a mise entre la Salamandre & la Tortuë. Mais cette antipathie ne l'autorise point à me couper la gorge , & ne sauroit le dispenser de me payer ce qu'il me doit légitimement. Quoiqu'il soit associé avec le célébre Mondonville pour régir le Concert Spirituel , & qu'il semble avoir déja percé les avenues du Palais de la Fortune, il n'est pas plus grand Seigneur que moi. D'ailleurs auroit-il jamais eu l'avantage de contracter une pareille association , s'il eût fallu au S^r. Mondonville un second aussi habile que lui ? Je laisse cette question à décider au Public sur les Œuvres posthumes du Sieur Capperan.

Nous sommes tous Enfans du Divin Apollon.
La Noblesse entre nous est donc, sans doute, égale ;
Et la Basse, suivant la Régle Musicale,
Doit prendre & ménager avec affection
Les intérêts du Violon.

Le Code Musical est peut-être aussi étranger au Sieur Capperan que les Codes Hermogénien ,

(1)

& Grégorien. C'eſt ce que je n'approfondirai point ici. Sa ſcience ou ſon ignorance en Muſique n'étant ni l'une ni l'autre néceſſaires à ma cauſe. Je me contenterai donc ſeulement de démontrer, dans ce Mémoire, les injuſtices qu'il m'a faites, & le tort qu'il voudroit encore me faire conjointement avec ſes Aſſociés. Ignorent-ils que l'avarice, dont ils ſont poſſédés, contient en ſoi tous les vices, comme la Juſtice toutes les vertus ? Ils ſeroient ſans doute plus judicieux & plus charitables, s'ils étoient moins avares. Qu'ils tâchent donc de profiter de cet exemple que M. l'Abbé Regnier leur donne dans ſa Piéce intitulée l'Attelage. C'eſt ainſi qu'il s'exprime.

La route de la vie humaine
De mauvais pas eſt toute pleine ;
Pour m'en tirer facilement,
Voici ce que je fais : j'attele
A cette voiture mortelle,
Que je conduis au monument,
La Juſtice premierement,
Et la charité ſans laquelle
Elle iroit moins légerement, &c.

. . . .

. . . .

Je n'aurai rien à deſirer
Ni du ſort ni de la Nature,
Si l'attelage peut durer
Auſſi longtems que la Voiture.

Quoique les atteintes que me donnent aujour-
d'hui les Entrepreneurs du Concert Spirituel pa-
roissent légères, elles ne le sont pas pour moi,
parce que je les reçois dans un tems où j'éprouve
d'ailleurs les plus funestes coups du Sort.

Je souffre avec assez de constance & de courage les disgraces de la Fortune, & les maux
dont je suis accablé. Cependant je ne me pique pas
de cette apathie, qui sembloit jadis rendre
les Stoïciens insensibles aux événements heureux
ou malheureux de la vie, & qui les empêchoit
d'être susceptibles d'aucune passion. Si je supporte
patiemment mes peines, ce n'est que parce que
je sais que l'affliction est un tribut que nous de-
vons payer à la Nature sans rougir, & sans murmurer. Mais je n'en ressens pas moins pour cela
toute l'amertume, & ma patience ne justifie point
la cruauté de mes Persécuteurs. On ne doit pas
se venger, mais il est permis de se mettre à l'a-
bri des véxations des hommes injustes & pervers,
& de les repousser quand ils veulent nous ravir ce
qui nous appartient. Les Juges & les Tribunaux
ne sont établis que pour réprimer leur audace,
& les empêcher d'exercer leur tyrannie. C'est pourquoi j'ose aujourd'hui réclamer avec confiance le
secours de la Justice, pour éviter du moins d'être
de tous les côtés la victime des Entrepreneurs
du Concert Spirituel. Ce n'est pas leur faire du
tort que de les traduire à son Tribunal. C'est au
contraire leur rendre un service essentiel, & j'ar-

gumente ainſi. Dans ce lieu , où l'équité terraſſe & foudroye tous les jours l'Hydre de l'Avarice , la Juſtice diſtributive leur apprendra à marcher dans les voyes de la Juſtice commutative, deſquelles voyes ils ſont toujours prêts à s'écarter. Ils me ſeront donc redevables de cette leçon , & au moyen de quoi , j'aurai fait ſans doute à leur égard le bien pour le mal. Je ſens qu'il eſt déſagréable , & même fort malheureux d'avoir des Procès. Mais, ſi le Sieur Capperan ſait profiter des réprimandes que Thémis pourra lui faire à l'occaſion de celui-ci , il conviendra avec moi que le malheur eſt quelquefois utile & ſalutaire.

Quand le malheur ne ſeroit bon
Qu'à mettre un homme à la raiſon
Toujours ſeroit-ce à juſte cauſe
Qu'on le dit bon à quelque choſe. (1)

La raiſon qui , chez la plûpart de nos Praticiens , conſerve encore aujourd'hui ſon ancienne rigidité , ne leur permettra pas vraiſemblablement d'approuver ce Mémoire. Ces ſévéres Obſervateurs du Stile & des Uſages du Barreau, ſe ſcandaliſeront de voir, que dans un Ouvrage conſacré à la plume d'un Avocat , on cite des Poëtes & des Vers, au lieu de citer des Juriſconſultes , comme Ulpien, Cocceïus Nerva , Paul , Neratius, Papinien , Scœvola, Barthole, Jaſon, Bal-

(1) LA FONT.

de , du Moulin, les Inftituts de Juftinien , les Cou-
tumes & les Ordonnnances. J'aurois fouhaité
pouvoir puifer mes autorités dans ces fources de
la Jurifprudence , & mériter par là le fuffrage
des Partifans , & des fupports du Stile du Palais.
Mais je ne fuis point Avocat ; jamais je ne pris
de licence , ni ne me fis immatriculer qu'à l'O-
pera. Il n'eft pas néceffaire de le dire, on ne le voit
que trop. Ce qu'il y a de confolant pour moi,
c'eft que je n'ai pas befoin de la Science , ni du
ftile éloquent & pathétique des Cicéron , des Dé-
mofthène , des Quintilien , des Tacite , des Gro-
tius , & des Cujas , pour engager mes Juges à
rendre hommage à la vérité & au bon droit,
qui feront dans cette caufe mes uniques Défen-
feurs. Je vais donc fous leurs aufpices feuls expofer naïvement la juftice de mes prétentions , &
au préalable faire ici le détail de mes malheurs.
Parmi tous les faits qu'il contient je fçais qu'il en
eft beaucoup d'étrangers à ma caufe. Mais on voit
bien que mon Procès n'eft pas l'objet feul de cet
Ouvrage, & que ce détail , dont je ferai en
forte d'abréger le récit , doit néceffairement y
entrer.

Il y a plus de vingt ans que je fuis attaché à
l'Académie Royale de Mufique & au Concert Spirituel. Dès ma plus tendre jeuneffe je me fuis trouvé
dans la néceffité de foutenir ma famille du produit feul de mes talens. J'avois un Pere & une
Mere octogénaires. Les cruelles infirmités dont

ils furent fucceffivement accablés pendant plus de vingt ans , ont épuifé ma bourfe & ma fanté. Je ne me fuis occupé que d'eux , & n'ai travaillé que pour eux. Après la mort de ma Mere , mon Pere eft encore demeuré à ma charge fort long-tems. Mais les foins & les dépenfes exceffives , qu'exigeoit le malheureux état où il eft tombé trois ans avant fa mort, paffoient mes forces.

Je fus obligé alors d'engager, & de vendre les meilleurs effets que j'avois. Enfuite mon Pere mourut ; & fa mort fi affligeante pour moi , quoique prévuë , l'eft encore devenuë davantage par les nouveaux embarras qu'elle m'a caufés. Je devois à plufieurs perfonnes qui avoient eu foin de lui dans fa maladie. Le moment de fon décès devenoit indifpenfablement l'époque du payement de ces fortes de dettes. Pour y faire face avec honneur , ainfi qu'aux autres dépenfes néceffaires en pareilcas, je n'eus d'autres reffources que d'emprunter cent Piftoles fur mes Appointemens de l'Opéra , qui étoient de fept cent livres. Au moyen de quoi je me fuis débarraffé de tous mes Créanciers , & j'ai rendu à mon malheureux Pere les derniers honneurs que je lui devois. Mais par là je fuis tombé de *Scylla* en *Carybde*. Car pendant tout le tems que mes Appointemens ont été employés à l'effet d'acquiter ces cent Piftoles , je n'ai pu me difpenfer de contracter de nouvelles dettes. Il m'a été d'autant plus impoffible de l'éviter, que peu de tems après la mort de mon Pere, j'ai eu le malheur d'être affligé à mon tour d'une maladie violente & couteuſe, qui depuis un an eſt revenuë m'accabler à diverſes repriſes, & dont je ne ſuis pas encore quitte aujourd'hui. Je n'ai pas lieu même d'eſpérer d'en voir ſitôt la fin, étant moins en état que jamais d'y apporter les remèdes néceſſaires, grace aux Directeurs de l'Opéra, & aux Entrepreneurs du Concert Spirituel. C'eſt cette malheureuſe maladie qui a déterminé les premiers à me mettre à la Penſion de retraite, (1) & qui eſt cauſe que les derniers m'ont ôté la Place que j'avois depuis plus de vingt ans au Concert Spirituel. S'ils avoient mieux choiſi leur tems pour me faire cette injuſtice, je ne ſerois pas en droit de me plaindre d'eux. Mais ils me l'ont faite lorſque je commençois à recouvrer la ſanté, & que j'étois même en état de remplir ces deux Places à mon ordinaire. Ce fait eſt prouvé par la Lettre que le Sieur Mondonville m'a écrite à ce ſujet, & par ma réponſe à cette Lettre. Cependant les Directeurs de l'Opéra ſavoient bien que j'étois dans la peine, & que mes Appointemen ne ſuffiſoient pas pour m'en retirer. Ils n'ignoroient pas non plus la cauſe de mes mal-

(1) Lorſqu'un Sujet de l'Académie Royale de Muſique a quinze années de ſervice, les Directeurs de cette Académie ne peuvent le renvoyer ſans lui donner ſa Penſion de retraite, qui ſe réduit à la moitié de ſes Appointemens. Ainſi comme les miens n'étoient que de ſept cent livres, ma Penſion eſt bornée à trois cent cinquante.

heurs. Car, quelques jours avant de me mettre
à la Penſion , ils ſignérent le Certificat ſuivant,
que d'autres perſonnes reſpectables & dignes de
foi avoient ſigné avant eux.

Nous ſouſſignés certifions que le Sieur TRAVENOL ,
de l'Académie Royale de Muſique , que nous connoiſſons
particulierement depuis longtems , eſt un fort honnête homme ; qu'il a eu pendant plus de vingt ans ſon
Pere , ſa Mere , & une Sœur à ſa charge, tous trois accablés ſucceſſivement de longues & diſpendieuſes infirmités ; qu'il a épuiſé ſa bourſe , ſa ſanté , & toutes ſes reſ-
ſources pour leur procurer les ſecours néceſſaires : que
par ſurcroît d'infortune il éprouve lui-même à ſon tour
une maladie violente & couteuſe ; dont il n'eſt pas encore quitte aujourd'hui. Ce qui a achevé de le réduire
dans la plus cruelle indigence , & de le plonger dans un
abîme de malheurs , d'où il ne peut ſe retirer ſans un
miracle de la Providence. *Signé.* LA PRÉSIDENTE DE
RICARD. LE COMTE DE BERULLE. DE RICARD. DE BERULLE.
REBEL. FRANCŒUR , Directeurs de l'Académie Royale de
Muſique. CHERON, Chef de l'Orcheſtre de ladite Académie.

Les Sieurs REBEL & FRANCŒUR ſignérent ce
Certificat le 2. Mars 1758. & vers la fin du même
mois ils m'adreſſérent la Lettre que voici.

Nous vous prévenons , Monſieur , qu'à compter du
premier Avril prochain , vous êtes à la Penſion de retraite de trois cent cinquante livres , que vos talens &
vos ſervices , à l'Académie Royale de Muſique , vous ont
acquiſe ; & ce conformément à l'état qui vient d'être approuvé par le Roi.

Nous ſommes très-parfaitement, Monſieur, vos très-hum-
bles & très-obéiſſans Serviteurs. *Signé,* REBEL. FRANCŒUR.
A Paris, ce 25. Mars 1758.

Qui

Qui auroit jamais cru que les Directeurs de l'Opéra, qui, non seulement sembloient s'intéresser à mes peines, mais qui paroissoient encore se prêter de si bonne grace à inviter les autres à y compatir, qui auroit jamais cru, dis-je, qu'ils m'eussent eux-mêmes porté le plus funeste coup ? Se sont-ils donc trompés ? Comptoient-ils, en me retranchant la moitié de mes appointemens, m'aider à me retirer de cet *abîme de malheurs* dans lequel ils attestent que je suis depuis si longtems ? Ou ne m'ont - ils tendu les bras que pour pouvoir plus aisément m'y enfoncer encore davantage ? C'est ce que je ne crois pas. Quoiqu'il en soit j'avouë franchement que si leur procédé à mon égard est irrégulier dans le fond, il ne l'est pas dans la forme. Car la qualité de Directeur de l'Opéra leur donne le privilége de faire du bien & en même tems celui de faire du mal à tous ceux qui leur sont subordonnés. Je ne sai par quelle fatalité ils ne se piquent pas de jouir du premier. Mais quoiqu'en récompense ils jouissent amplement du dernier avec une véritable satisfaction, je ne saurois leur reprocher de m'avoir véxé au-delà des bornes de leur autorité. Ainsi je n'ai rien à leur demander.

Les Entrepreneurs du Concert Spirituel ne m'ont pas mis dans le cas d'en pouvoir dire autant d'eux. Ils voudroient abuser envers moi de la permission qu'ils ont d'opprimer leurs Camarades. Non

contens de m'avoir exclu de ce Concert, ils prétendent encore me faire perdre cinquante-quatre
livres qu'ils me doivent. Voilà l'unique objet
de notre contestation. Il est peu considérable,
& surtout pour eux. Ils en conviennent eux-mêmes. Cependant, quoique ce ne soit qu'une minutie, ils aiment mieux courir les risques d'un
Procès, qui les deshonorera, quand bien même ils le gagneroient, que de me payer cette
minutie de bonne grace. Je vais donc faire voir
à quel titre je la leur demande, & les frivoles
prétextes sur lesquels ils me la refusent.

F A I T.

Comme ma santé ne me permit pas d'aller
au Concert Spirituel pendant la Quinzaine de Pâques dernier, je fis prier le *Sieur Francœur* le
jeune, l'un des vingt-quatre Violons de la Chambre du Roi, & ordinaire de l'Académie Royale
de Musique, de vouloir bien y jouer pour moi.
Il accepta cette proposition de la maniere du
monde la plus généreuse & la plus obligeante,
& en conséquence il demanda lui-même aux *Sieurs
Mondonville* & *Capperan* la permission de faire
cette bonne œuvre en ma faveur. Ils la lui ac-
cordérent, & le *Sieur Francœur* s'est livré, avec
autant de zéle & d'exactitude que de capacité,
au plaisir qu'il prend, en pareil cas, à rendre
service à ses amis & à ses camarades. Il y a eu

dix-sept Concerts auxquels il a joué à ma place
sans nul objet d'intérêt , ni aucun autre motif
que celui de m'obliger.

Quelques jours après la clôture de ces dix-sept
Concerts, je fus chez la Dame Royer lui en demander la rétribution , qui , à raison de six livres
par Concert (prix fait avec eux) se montoit à
la somme de cent deux livres. Elle ne trouva point
alors ma demande injuste. Elle sçavoit bien que
cette somme m'étoit duë , puisqu'elle me remit au
lendemain pour me la compter. Elle fit plus encore, pour m'éviter la peine d'y retourner une
seconde fois ; elle me donna la Quittance imprimée
& remplie de sa main qu'elle avoit coutume de me
faire signer en pareil cas. Moyennant quoi elle s'en-
gagea donc , & me promit en effet de payer ladite
somme de cent deux livres au porteur de cette
Quittance. Je la lui renvoyai le lendemain comme nous en étions convenus. Elle n'y fit point
honneur , & me manda qu'elle ne pouvoit pas me
payer sans le consentement par écrit de Monsieur
Mondonville , & qu'il falloit que je prisse la peine
d'aller chez lui à ce sujet.

Toutes ces difficultés ne me rebuterent point.
Je me transportai chez le Sieur Mondonville &
je le priai de me donner le consentement que la
Dame Royer vouloit avoir de lui pour me payer.
Il me le refusa en disant qu'il n'étoit pas juste que
je fusse payé puisque je n'avois pas joué : que d'ail-
lieurs celui qui avoit occupé ma place ne me va-

loit pas. J'aurois pu être flaté d'un pareil compliment de sa part, s'il me l'eût fait de bonne foi,
& sans intérêt. Mais il comptoit bien me le vendre, & je n'ai pas le moyen, ni la fatuité d'ache-
ter des complimens. Voyant donc que je ne pre-
nois pas sa flaterie pour argent comptant, il m'ob-
jecta, qu'en supposant, à toute rigueur, qu'il
fût obligé de payer ce service, qu'il étoit juste,
que le Sieur Francœur, qui l'avoit fait pour moi,
eût la moitié de la rétribution. Il ne me fut pas
difficile de répliquer à cette objection, & de la résou-
dre sur le champ. Je me retranchai sur la noble &
généreuse façon de penser du Sieur Francœur, qui
confondit le Sieur Mondonville, Mais il trouva
encore une autre échapatoire. Il m'assura que le
Sieur Francœur étoit reçu Surnuméraire au Concert Spirituel, & de là il conclut qu'il ne pouvoit y jouer pour d'autres que pour lui. Comment donc accorder cette raison avec l'obligation
où il me croyoit auparavant de partager avec
le Sieur Francœur la rétribution de ces dix-sept
Concerts ? il faut avouer que les raisonnemens
du Sieur Mondonville ne font pas aussi séduisans
que ses Motets. En voici encore un Exemple.

Il s'ingéra de me réprimander au sujet d'une dé-
marche que je fis auprès du Sieur Capperan, il y a
dix ou douze ans, à l'effet de le prier de m'avancer
quelqu'argent sur mes honoraires du Concert Spirituel. Il censura cette action en Pédagogue impi-
toyable, & m'apprit en même tems que le Sieur

Capperan m'en avoit toujours sçu, & m'en sçavoit encore fort mauvais gré. Sa réprimande me
parut d'autant plus hors de saison, que je ne re-
cueillis d'autres fruits de ma demarche, que la
honte d'avoir essuyé de la part du Sieur Capperan
un refus des plus mal assaisonnés. Le Sieur Mondonville ne sentoit donc pas qu'il étoit aussi ri-
dicule à lui de me parler de cette Avanture qu'au
Sieur Capperan de s'en ressouvenir & de s'en
plaindre. Cependant après avoir ainsi sophistiqué,
il me donna deux Louis sur la somme de cent
deux livres qu'il me devoit. Je ne voulus pas,
pour le moment, persister en ma demande du
restant de cette somme, craignant de l'indisposer
contre moi. D'ailleurs j'étois alors persuadé qu'il
avoit de trop beaux sentimens pour me faire
tort de cinquante-quatre livres, & que tôt ou
tard il m'en tiendroit bon compte. Dans cette
espérance je pris congé de lui, & en le quit-
tant je le priai de nouveau de vouloir bien me
conserver la Place que j'avois au Concert Spirituel. Je lui fis observer que ma santé alors me
permettoit de l'occuper par moi-même, & qu'en
conséquence je me flattois qu'il ne m'arriveroit
pas de longtems de la faire remplir par un autre. Joint à cette observation, je lui racontai suc-
cinctement une partie de mes malheurs, pour
tâcher du moins de l'engager à m'accorder,
par pitié, ce que je devois attendre, & obte-
nir de son équité seule. Le Sieur Mondonville

parut fenfible à ma trifte pofition. Il me com-
bla de politeffe , & de proteftation d'amitié ;
& trois femaines après il m'écrivit la Lettre
fuivante.

Ne trouvez point mauvais, Monfieur, fi je vous préviens
que nous avons choifi un autre Sujet à votre place. Je
fçai qu'il eft malheureux de perdre de tous côtés , ainfi
que vous m'avez fait l'honneur de me le dire. Mais il
n'eft pas jufte non plus que l'exécution en fouffre. Vous
devez croire que c'eft à regret que je vous préviens, puif-
que perfonne au monde ne fouhaiteroit plus que moi
pouvoir vous être utile , & vous prouver la parfaite con-
fidération avec laquelle j'ai l'honneur d'être très-parfaitement,

M O N S I E U R ,

Votre très humble & très obéiffant
Serviteur , *Signé* .
CASSANEA DE MONDONVILLE.
Ce Dimanche 30. Avril 1758.

On voit par cette Lettre fucrée & emmiellée ,
que le Sieur CASSANEA DE MONDONVIL-
LE fait dorer la pilule auffi bien pour le moins ,
que le Seigneur Jupiter. Comme il m'envoya ce
doux Brevet de réforme fans m'envoyer les cinquante-quatre livres qu'il me redevoit , je pris
la liberté de lui écrire à ce fujet. Mais j'ignore
les régles de la Politique. Je ne fuis pas, comme lui, homme de Cour , & mon caractere eft
encore moins analogue à celui des Indiens du

Pérou. (1) Je parle & j'écris comme je penfe, furtout à mes Camarades, & je ne faurois, d'une maniere douce, polie & affectueufe, leur plonger *à regret*, le poignard dans le fein. La réponfe que je fis au Sieur CASSANEA DE MONDONVILLE a donc été conçuë en ces termes.

MONSIEUR,

Votre Lettre m'a tellement furpris, & mortifié, qu'il m'a été impoffible de me déterminer plûtôt à y répondre. N'eft-il pas trop fingulier, en effet, pour ne rien dire de plus, qu'après avoir eu l'honneur d'aller chez vous deux fois, au commencement d'Avril dernier, vous affurer que j'étois en état de remplir ma Place au Concert Spirituel, & vous prier de vouloir bien me la conferver, n'eft-il pas trop fingulier, que vous m'appreniez, par cette Lettre datée du 30. du même mois, que vous avez choifi un autre Sujet à ma place ? Je conviens avec vous, Monfieur, que ma cruelle & longue maladie m'a trop fouvent obligé de manquer le Concert, & qu'il n'eft pas jufte, comme vous le dites, que l'exécution en fouffre. Mais en fuppofant qu'elle en eût fouffert, ce n'étoit pas une raifon pour m'en exclure à préfent, eu égard aux démarches que j'avois faites auprès de vous avant cette exclufion. Si vous euffiez difpofé de cette Place dans le tems que ma maladie ne me permettoit pas de l'occuper, je n'aurois aucun reproche à vous faire. Mais ne l'ayant pas donné alors, pouviez-vous raifonnablement, & fans injuftice, la donner aujourd'hui. Quoi qu'il en

(1) Les Indiens du Pérou paffent pour être les plus parfaits Sournois, & les plus grands Patelins qu'il y ait dans le monde.

B iiij

foit, Monfieur, j'ai fi bonne opinion de vous à tous égards, que je fuis perfuadé que vous n'avez pas été le maître de me traiter plus favorablement, & que le compliment défagréable que j'ai reçu de vous , eft l'ouvrage du Sieur Capperan.

Cet avantageux Perfonnage ne croit pas devoir le diffimuler. Il ne rougit point d'avouer lui-même que j'ai eu le malheur de lui déplaire, parce que je l'ai prié une fois de m'avancer quelqu'argent fur mes honoraires du Concert Spirituel. Quand il m'auroit rendu ce petit fervice , devoit-il pour cela m'en vouloir ? D'ailleurs il ne me l'a pas rendu, & il n'a pas même pris la peine de me dédommager de fon refus par la moindre politeffe. Qui peut donc de nous deux, en pareil cas, avoir fujet d'être mécontent de l'autre ? Eft-ce deshonorer le Sieur Capperan, que de lui demander des graces, & de croire qu'il puiffe en accorder, ou du moins qu'il fache les refufer ? Eft-ce l'offenfer que de le prendre pour un homme obligeant ? Non , fans doute ; mais c'eft fe tromper , & ne lui pas rendre la juftice qu'il mérite. C'eft donc cette méprife, Monfieur, qui a indifpofé le Sieur Capperan contre moi, & qui l'engage à m'expulfer aujourd'hui du Concert Spirituel. Si vous ne me l'euffiez pas dit vous-même, je ne l'aurois jamais cru. Il a cela de commun avec la plupart des Gens en Place & opulents. Ils s'offenfent aifément, & ne pardonnent pas de même, furtout quand celui qui leur déplaît fe trouve dans l'indigence & fans appui. A leurs yeux la Pauvreté eft le plus grand de tous les vices, & il fuffit d'être dans la peine pour avoir toujours tort avec eux. Heureufement qu'il m'importe peu d'avoir tort ou raifon avec le Sieur Capperan. Je méprife autant fon amitié que fa haine, & je fens à merveille que, pour mon honneur, je dois oublier fon injufte & lâche procédé à mon égard.

Cependant comme il n'eft pas naturel, qu'en perdant ma Place, je perde auffi les Concerts qui me font dûs, je vous fupplie très-humblement de vouloir bien vous charger de lui déclarer de ma part, ainsi qu'à la Dame Royer, que je prétends être payé en entier des dix-sept Concerts de Pâques dernier, auxquels dix-sept Concerts M. Francœur le Jeune a eu la bonté de jouer pour moi, & que s'ils ne jugent pas à propos de me les payer, j'aurai recours aux voyes ordinaires de la Justice pour les y contraindre. Que ce Procès soit bon ou mauvais, j'ai résolu d'en courir les risques. Au pis-aller j'aurai toujours la satisfaction d'amuser le Public aux dépens de qui il appartiendra.

A l'exemple des Directeurs de l'Opéra, vous m'avez mis dans le cas, Monsieur, d'avoir tout le tems de solliciter des Procès. Au moyen de quoi vous ne devez pas trouver mauvais que je vous en intente un. C'est vous faire un juste & légitime sacrifice des loisirs dont je vous ai l'obligation.

Je ne suis pas encore mort, comme vous voyez, Monsieur, & si j'en crois mon Médecin, je ne suis pas même encore dans mon année climactérique. Ce qu'il y a de certain, & de bien consolant pour moi, c'est que je me sens assez de vigueur à présent pour travailler à humilier mes cruels & superbes Ennemis. Le Sujet vaut bien la peine que je me propose de prendre, d'autant plus qu'il me paroît facile à traiter.

> *. . Sur ce Sujet pour écrire avec grace,*
> *Il ne faut point monter au sommet du Parnasse.*
> *Et sans aller rêver dans le double Vallon,*
> *La colere suffit, & vaut un Apollon.* (1)

J'ai l'honneur d'être avec un respectueux attachement,

MONSIEUR,

Votre très humble & très obéissant
Serviteur TRAVENOL.

A Paris, ce 7. Mai 1758.

(1) BOIL. Sat. I.

Cette Lettre n'a pas produit l'effet que j'en attendois. Le Sieur CASSANEA DE MONDON-VILLE n'a pas daigné même y répondre. Auquel cas j'ai pris son silence pour un refus absolu, & je ne me suis pas trompé. Car voyant qu'il ne me donnoit point de ses nouvelles, je l'ait fait assigner, ainsi que le Sieur Capperan, & la Dame Royer, & sur ces trois assignations, ils ont constitué Procureur. Je suis surpris qu'ils osent entreprendre de discuter en Justice la demande que j'ai formée contre eux. Les moyens sur lesquels elle est fondée ne sont point équivoques, & je ne crois pas que les défenses qu'ils ont à leur opposer, puissent donner aucune atteinte à leur solidité.

MOYENS.

Il faut d'abord observer que la permission, que les Sieurs CASSANEA DE MONDONVIL-LE, & Capperan, ont donnée au Sieur Francœur de jouer à ma place au Concert Spirituel pendant la Quinzaine de Pâques dernier, n'est pas sans exemple. C'est un usage qui a été reçu par leurs Prédécesseurs, & auquel ils se sont tous conformés successivement depuis l'établissement de ce Concert jusqu'à présent. J'en fournirai cent preuves incontestables s'il est nécessaire. J'avoue que ceux-ci sont les maîtres de réformer cet usage quelqu'ancien qu'il soit. Mais ils ne l'avoient pas encore fait, vraifemblablement, lorfque le Sieur Francœur y a joué pour moi. Car ils n'étoient pas difpofés à m'accorder plus de Privilége qu'à un autre. Cependant ils foutiennent qu'il eft de Régle de tous les tems qu'aucun Muficien de ce Concert n'a pû mettre quelqu'un à fa place, & que cette Régle a toujours été obfervée à la rigueur, comme elle l'eft encore aujourd'hui. Mais la fauffeté de ce fait eft prouvée dans ma réponfe à la Lettre fuivante du Sieur CASSANEA DE MONDONVILLE, *pages 34. & 35.* Comment ofent-ils en impofer à cet égard avec tant de confiance ?

Ils ne font pas mieux fondés en droit & raifon d'alléguer que celui que j'ai mis à cette Place n'étoit pas capable de la remplir. Car c'eft un des vingt-quatre Violons de la Chambre du Roi, & un de ceux de l'Orcheftre de l'Académie Royale de Mufique. Il y a plus : le Sieur CASSANEA DE MONDONVILLE lui donne encore la qualité de Surnuméraire du Concert Spirituel. Il affûre que c'eft lui-même qui l'a décoré de ce glorieux Titre ; d'où l'on doit conclure qu'il ne doutoit donc pas alors des Talens & de la capacité du Sieur Francœur puifqu'il l'avoit ainfi choifi pour fuccéder à la premiere Place qui vaqueroit à ce Concert : & l'on ne fauroit raifonnablement foupçonner le Sieur CASSANEA DE MONDONVILLE d'avoir pû fe tromper dans un pareil choix. Ce choix feul fait donc l'éloge du Sieur Francœur, & prouve évidemment que ma Place a été, pour le moins, aussi bien remplie par lui que si je l'eusse occupée moi-même. *Nota* que cette Place est la derniere de tous les Violons de l'Orchestre du Concert Spirituel. Or si j'eusse fait ce service moi-même, les Directeurs du Concert Spirituel n'auroient eu aucun prétexte pour refuser de me payer, à raison de six livres par Concert, selon nos conventions faites ensemble, la somme de cent deux livres. Ils y étoient obligés. Ce fait est prouvé par la quittance que la Dame Royer me donna le jour que je fus chez elle pour recevoir cette somme. Voici la disposition de cette Quittance, où tous les mots & chiffres qu'on y voit en caracteres Italiques sont écrits de sa propre main.

J'ai reçu de Messieurs Mondonville, Capperan, & de Madame Royer la somme de *cent deux* livres pour *dix-sept* Concerts échus le *trois Avril* de la présente année : dont Quittance. A Paris ce *8. Avril* 1758. Signé ,

TRAVENOL.

Il ne reste donc plus au Sieur CASSANEA DE MONDONVILLE d'autre chicane à opposer à ma demande, que la qualité de Surnuméraire, qu'il donne au Sieur Francœur, dont il régle à son gré les devoirs, les obligations, & les charges sans s'embarasser d'y attacher aucun bénéfice. Il prétend que cette qualité ne permettoit point au Sieur Francœur de jouer au Concert Spirituel

pour d'autre que pour lui. Cependant qui dit Surnuméraire , dit au contraire un homme admis
dans un corps pardessus le nombre fixe , qui n'y
a pas encore de Place , ni aucun devoir person-
nel à y faire & qui souvent même ne peut y être
employé qu'au défaut, & à la place de quelques
Membres de ce corps. Ainsi quand le Sieur Francœur auroit été Surnuméraire du Concert Spirituel , comme voudroit l'insinuer le Sieur CASSA-
NEA DE MONDONVILLE, cette qualité, qui
ne l'obligeoit nullement à y jouer pour lui , ne
l'empêchoit pas d'y jouer pour moi. Au reste il
est inutile de discuter davantage ce trop grossier
subterfuge. Il suffit de prouver que le fait est faux
& j'en ai entre les mains une preuve incontesta-
ble. C'est un Billet du Sieur Francœur , par lequel
il déclare , non seulement, n'avoir aucune pré-
tention à la retribution des dix-sept Concerts dont
il s'agit , mais de plus qu'il n'étoit point reçu au
Concert Spirituel en qualité de Surnuméraire lors-
qu'il m'a fait le plaisir d'y jouer pour moi. Avoit-
il donc cette qualité sans le savoir ? Ou est-ce
assez que le Sieur CASSANEA DE MONDON-
VILLE ait bien voulu la lui donner *incognito* ,
pour qu'il l'eût en effet ? Cette question n'est pas
problématique. C'est donc une imposture du Sieur
CASSANEA DE MONDONVILLE , avérée
par le Billet dont voici la teneur.

Je soussigné déclare que ce n'est uniquement que pour

faire plaisir à M. Travenol mon Camarade & mon ami, que j'ai joué du Violon au Concert Spirituel pendant les dix-sept Concerts de la Quinzaine de Pâques dernier, & que je n'ai rien à demander à personne pour raison de ce service. C'est pourquoi je consens qu'il en soit payé comme d'une chose à lui due, & comme s'il avoit joué lui-même à ces dix-sept Concerts. Je déclare & certifie en outre qu'il n'est pas vrai que je sois attaché au Concert Spirituel en qualité de Surnuméraire, comme l'ont dit Messieurs Mondonville & Capperan pour se disculper de donner audit Sieur Travenol la rétribution des dix-sept Concerts dont il s'agit, dans lesquels je l'ai exactement remplacé & représenté du consentement du Sieur Capperan, sans nul objet d'intérêt. *Fait à Paris ce dix-neuf Mai mil sept cent cinquante-huit. Approuvé l'écriture pour lui donner la même force & la même valeur que si elle étoit de ma propre main.* Signé FRANCŒUR.

Le Sieur Francœur ne se contente pas de déclarer par ce billet, qu'il m'a exactement remplacé, & représenté aux dix-sept Concerts de Pâques dernier, il certifie deplus qu'il m'a rendu ce service sous le bon plaisir, & du consentement du Sieur Capperan. Il a donc permis au Sieur Francœur de jouer pour moi à ces dix-sept Concerts sans avoir égard à sa prétendue qualité de Surnuméraire. Il a bien voulu lui accorder cette grace en ma faveur. Reprochera-t-il au Sieur Francœur d'avoir omis de lui dire qu'il étoit revêtu de cette qualité ? Il le savoit bien, & il n'ignoroit pas même que le Sieur Francœur n'en savoit rien. Cette réticence ne sauroit donc rendre la grace du Sieur Capperan obreptice.

Après avoir accordé cette grace au Sieur Francœur, & en conféquence l'avoir laiffé jouer pour moi depuis le premier de ces dix-fept Concerts jufqu'au dernier fans s'y être oppofés, ni lui avoir fait la moindre difficulté ; pourquoi ces Entrepreneurs ne feroient ils pas tenus de me payer ce fervice comme fi je l'euffe fait perfonnellement ? D'ailleurs s'ils n'avoient pas cru eux-mêmes y être obligés, eu égard à la prétendue qualité de Surnuméraire du Sieur Francœur, m'auroient-ils donné deux Louis ? Ils étoient mes débiteurs de la fomme de cent deux livres, ou ils ne l'étoient pas d'une obole. Or s'ils euffent penfé ne me rien devoir, il eft certain qu'ils ne m'auroient rien donné.

Les deux Louis que j'ai reçu à compte joints aux autres Moyens que je viens d'expofer, prouvent donc évidemment que les Sieurs CASSANEA DE MONDONVILLE, & Capperan conjointement avec la Dame Royer me font redevables, folidairement l'un pour l'autre, de la fomme de cinquante-quatre livres. Ainfi j'efpere qu'ils partageront enfemble comme freres & affociés la honte de fe voir condamnés à me les payer. Honte qui doit être d'autant plus humiliante pour eux qu'ils fe parent d'une faftueufe opulence, & qu'ils croyent que cette opulence les autorife à méprifer & opprimer impunément leurs Camarades infortunés.

Le Sieur CASSANEA DE MONDONVILLE

ne fera pas furpris de perdre ce Procès, il s'y attend bien, puifqu'il a lû ce Mémoire avant que j'aye pû parvenir à le faire imprimer. Il a donc vu clairement par ce moyen qu'il feroit condamné tôt ou tard à me payer les cinquante quatre livres qu'il me doit ; & c'eft ce qui lui a fait prendre le généreux parti de me les offrir par charité, pour tâcher du moins d'éviter la honte de cette condamnation, & en même tems celle de la publication de ce Mémoire. En conféquence il m'a écrit la Lettre fuivante, fous l'ingénieux prétexte d'avoir eu à mon fujet avec une perfonne de ma connoiffance une converfation qui a fait naître en lui fubitement des fentimens de pitié & de générofité en ma faveur. Comme on ne l'en auroit peut-être jamais foupçonné, j'ai cru devoir pour fa gloire, & pour faire éclater envers lui ma reconnoiffance, rendre cette Lettre publique. La voici.

Le hazard, Monfieur, m'a procuré il y a quelques jours à ma petite Campagne de Belleville où j'habite, une perfonne de votre connoiffance. Il fut longtems queftion de vous, & furtout de vos malheurs. Il me peignit votre fituation des plus triftes, étant toujours malade & manquant prefque du néceffaire. Dans ce moment j'oubliai vos injuftices à mon égard, & j'eus envie de charger cette perfonne de quelques fecours qu'il vous remettroit de ma part. Depuis j'ai fait réfléxion que je pourrois engager Madame Royer & M. Capperah à vous faire donner les cinquante-quatre livres, fomme que vous avez demandée avec tant d'ardeur, & qui eft le motif du Procès que vous nous avez injuftement intenté. Vous

n'ignorez

n'ignorez pas (ainſi que je vous l'ai dit, & dont vous êtes
convenu) que vous n'étiez nullement en droit d'exiger le
payement de la . Quinzaine, puiſque vous n'aviez point
ſervi, & qu'il eſt de régle de tous les tems, qu'on ne
peut envoyer un autre Sujet à ſa Place. Cependant je vous
fis donner deux Louis. Le peu de ſuccès de votre Cauſe
eſt la preuve certaine que votre demande étoit mal fondée. Mais j'oublie vos torts envers moi, & veux faire le
bien pour le mal, je laiſſe à votre cœur le ſoin de la re-
connoiſſance. Vous êtes malheureux, cela me ſuffit. Paſ-
ſez donc chez Madame Royer que je viens d'envoyer pré-
venir, & qui conſent à vous ſoulager. Tâchez de jouir
d'une meilleure ſanté.

J'ai l'honneur d'être de tout mon cœur,

MONSIEUR,

A Belleville ce 3.   Votre très humble & très obéiſſant
Octobre 1758.   Serviteur. Signé,
             CASSANEA DE MONDONVILLE.

Convaincu des motifs de la prétendue charité
du Sieur CASSANEA DE MONDONVILLE,
& ne poſſédant point comme lui l'Art de fein-
dre des ſentimens que je n'ai pas, & de diſſi-
muler ceux que j'ai, ma ſincérité ordinaire, &
quelque peu de ſagacité m'ont obligé de répondre ainſi à cette Lettre trop charitable.

Vous n'aviez pas beſoin, Monſieur, que le hazard con-
duisît une perſonne de ma connoiſſance à votre Maiſon
de Campagne pour vous apprendre mes malheurs, & ma
triſte ſituation. Je vous en avois fait confidence le jour que
je fus chez vous pour vous prier de vouloir bien me con-
ſerver ma place au Concert Spirituel, & cet aveu ſi hu-

C

miliant pour moi ne vous a pas empêché de donner cette place à un autre & même de me refuser le payement de ce que vous me devez légitimement.

Après m'avoir mis, par ce refus, dans la nécessité de vous intenter un Procès, & m'avoir ôté, conjointement avec les Directeurs de l'Opéra, les seules ressources qui me restoient pour subsister : *vous oubliez*, non seulement, *les torts que j'ai envers vous*, mais *vous voulez* encore *faire le bien pour le mal*, en me donnant par charité les cinquante-quatre livres que vous me devez, & *vous laissez à mon cœur le soin de la reconnoissance. Je suis malheureux, cela vous suffit.* Quel excès de bonté ! Quel prodigieux effort de générosité & de grandeur d'ame pour un aussi bon Œconome que vous ! mais je n'en abuserai pas.

La réminiscence que vous avez de mes malheurs, & l'intérêt, soi disant, que vous daignez y prendre présentement, sont hors de saison. Votre charité si singuliere & pour moi si outrageante, se manifeste aussi trop tard. Je ne vous demande rien aujourd'hui à titre de grace. Soyez persuadé que quand même il seroit possible que je fusse encore plus malheureux que je ne suis, je ne ferai jamais la bassesse d'implorer ni d'accepter votre assistance. Si mon sort excite votre pitié, le vôtre me fait compassion. Car il faut que vous ayez perdu l'esprit pour prétendre me faire l'aumône en me payant ce que vous me devez, & pour me croire capable de la recevoir d'un homme, qui par le principe seul d'un vil intérêt, sans autres motifs, ni nulle considération, a contribué perfidement à me réduire aux derniers expédiens. Croyez-moi, Monsieur, ne vous piquez pas d'être charitable, ni généreux. Piquez-vous seulement de payer vos dettes & de composer des Motets ; c'est tout ce que vous pouvez faire de mieux.

Vous n'ignorez pas, dites-vous, *que je n'étois nullement en droit d'exiger le payement de la Quinzaine, puisque je n'avois point servi, & qu'il est de Régle de tous les tems qu'on ne peut envoyer un autre Sujet à sa Place.* Quelle erreur ! Avant d'être attaché au Concert Spirituel, j'y ai joué fort longtems pour feu M. Senaillé, bien qu'alors je ne fuſſe qu'un très-petit Ecolier de ce grand Maître ſi reſpectable à tous égards. Enfin je n'ai jamais entendu parler de cette Régle que depuis Pâques dernier : & vous ne l'avez établie vraiſemblablement que pour tâcher de gagner votre Procès contre moi, & de ſignaler par la la fin de votre régne. Mais quel avantage pouvez-vous donc tirer de cette Régle ? Elle n'eſt pas, comme vous le dires, de tous les tems, puiſqu'elle n'eſt pas du mien, vous n'en ſauriez douter. Car vous ſavez que Monſieur Dupont, l'un des vingt-quatre Violons de la Chambre du Roi, & ordinaire de l'Académie Royale de Muſique m'a fait le plaiſir il y a quelques années, de jouer pour moi à ce Concert pendant toute une Quinzaine de Pâques, de laquelle Quinzaine je fus payé comme ſi j'avois joué moi-même, & ſans nulle difficulté. Vous ſavez de plus encore, ou vous avez bien peu de mémoire, qu'un autre Muſicien a eu la bonté, ſous votre bon plaiſir, de me rendre le même ſervice, & que je ne ſuis pas le ſeul à qui vous avez accordé pluſieurs fois ce privilége. Après cela pouvez-vous croire, de bonne foi, faire une œuvre de charité en me donnant les cinquante-quatre livres qu'il vous reſte à me payer des dix-ſept Concerts auxquels Monſieur Francœur a bien voulu jouer pour moi, de votre conſentement & de celui du Sieur Capperan ? Au reſte ſi vous penſez en effet que ce ſoit une œuvre de charité, pourquoi la fixer préciſément à cinquante-quatre livres ? les bornes dans leſquelles vous la reſſerrez ſi étroitement, en font un être de raiſon qui ne peut exiſter que dans votre imagination. Je vous l'avoue franchement, j'ai pénétré le fin de cette prétendue charité, ou plûtôt de cette politique uſée, & ſi digne des Indiens du Pérou.

> *La ruſe la mieux ourdie,*
> *Peut nuire à ſon Inventeur ;*
> *Et ſouvent la perfidie*
> *Retourne ſur ſon Auteur.*

Convenez *in petto* que cette charité, qui a cru tout-à-coup dans votre cœur comme un champignon, ne doit fa naiſſance qu'à l'indiſcrétion & à la lâche complaiſance d'un ami qui pour vous obliger a abuſé de ma confiance & a manqué à ce qu'un honnête homme ſe doit à lui-même. Mais malgré ſon zéle indiſcret & ſes illicités attentions pour vous, je vous avertis, car je ne ſuis pas traître, qu'il faut avaler la pilule qu'il vous a fait ſécretement ſavourer. Je ſouhaite que ſa précaution faſſe qu'elle vous ſemble moins amère.

Je ne répondrai point ici aux autres Articles de votre Lettre; ils ſont trop dans le cas de ces demandes auxquelles on ne doit point faire de réponſe. Je me contenterai ſeulement de vous remercier du ſoin inutile que vous avez pris de diſpoſer Madame Royer à ſoulager mes peines en payant ſes dettes, les vôtres & celles du Sieur Capperan, & de vous aſſurer que j'ai l'honneur d'être de toute mon ame, autant que je le puis,

MONSIEUR,

Votre très humble & très obéiſſant Serviteur, *Signé*
TRAVENOL.
A Paris ce 9. Octobre 1758.

Quoi qu'en diſe le Sieur CASSANEA DE MONDONVILLE, je ne doute point du ſuccès de ma Cauſe. Mais ce ſuccès ne les obligera pas, non plus que les Directeurs de l'Opéra, à me réintégrer dans les deux Places dont ils m'ont évincé. La Juſtice ordinaire ne ſauroit les y contraindre. Cette perte ſera donc pour moi une ſource perpétuelle d'adverſités, vû qu'elle borne toute ma fortune à une penſion de trois cent

cinquante livres. Voilà, dans la plus exacte vérité, tout ce qui me reste aujourd'hui pour vivre, & pour faire subsister une Sœur extrême-
ment infirme dont je suis encore chargé. Cependant si nous n'avions pas, avec ce trop mince
revenu, le malheur d'être toujours malades l'un
& l'autre, & que nous ne dussions rien à personne, nous ne nous plaindrions pas de notre
sort. Mais indépendamment des infirmités qui
nous accablent presque continuellement, j'ai
contracté des dettes pour secourir mon malheureux pere dans l'état d'abjection où il est tombé
trois ans avant sa mort. Le devoir, l'amour &
la reconnoissance m'y ont également obligé. Ce
Pere s'étant toujours acquitté envers moi non
seulement des devoirs paternels, mais aussi des
devoirs de l'amitié la plus tendre & la plus parfaite. Cette Pension ne sauroit donc suffire à mes
besoins. Elle m'aidera seulement à me débarras-
ser de quelques-uns de mes Créanciers. Je suis
obligé d'y renoncer en leur faveur. C'est tout ce
que je puis faire de mieux pour ceux qui voudront
bien s'en accommoder, & j'ai commencé par en
abandonner les deux premieres années à mon
Hôtesse à qui je dois sept cent livres, tant pour
mes loyers que pour de l'argent qu'elle m'a fait
le plaisir de me prêter dans ma maladie. Je la lui
ai déléguée par un Acte fait & passé devant
Notaires, & conçu en ces termes.

PARDEVANT LES CONSEILLERS DU ROI Notaires à Paris fouffignés, fut préfent Sieur Louis-Antoine Travenol, de l'Académie Royale de Mufique, demeurant rue et prés la Barriere de Séve, à côté du Bureau du Laissé passé de ladite Barriere, Paroisse Saint Sulpice, en une Maison appartenante a la Demoiselle Veuve Jourdant ci-après nommée.

Lequel reconnoît devoir à Demoifelle Françoise Desgrais, Veuve de Sieur Claude Jourdant, Marchand de Bois pour la provifion de Paris, demeurant en ladite Maifon à elle appartenante fufdite rue de Séve à ce préfente & acceptante, la somme de sept cent livres tant pour argent à lui prêté par ladite Demoifelle Veuve Jourdant que pour reftant des Loyers par lui dûs, échus du paffé jufqu'au premier Avril mil fept cent cinquante-huit.

Laquelle fomme ledit Sieur Travenol promet & s'oblige de payer à ladite Demoifelle Veuve Jourdant en fa demeure à fa premiere volonté & demande, à peines.

A quoi il affecte & hypotèque tous fes Biens, Meubles & Immeubles préfens & avenir.

Et cependant pour faciliter à ladite Demoifelle Veuve Jourdant le payement de ladite fomme, le dit Sieur Travenol confent qu'elle la touche & reçoive de M. Joliveau Tréforier de l'Académie Royale de Mufique, ou autres qu'il appartiendra, fur les arrérages échus à compter du premier Avril dernier, & qui écherront à l'avenir de trois cent cinquante livres de Penfion viagére accordée par Sa Majefté audit Sieur Travenol à prendre fur ladite Académie, defquels arrérages ledit Sieur Travenol fait à ladite Demoifelle Jourdant toute délégation & tranfport néceffaires, avec entiere garantie, & en fatisfaifant par ledit Sieur Joliveau, ou autres à ce prépofés, le payement defdits arrérages jufqu'à due concurrence à ladite Veuve Jourdant, & fur fes quittances, & émargemens, ils en feront & demeureront valablement déchargés.

Ce qui a été accepté par ladite Demoiselle Veuve Jourdant, sans qu'à défaut d'exécution de la présente délégation elle puisse s'empêcher de se pourvoir contre ledit Sieur Travenol ainsi qu'elle avisera bon être. Mais néanmoins renonce à faire contre lui aucunes pourfuites qu'autant que ladite délégation n'auroit pas d'exécution.

Elifant, ledit Sieur Travenol, son domicile pour l'exécution des préfentes en fa demeure fufdite : auquel lieu nonobftant promettant, obligeant, renonçant. Fait & paffé à Paris, ès Etudes, l'an 1758. le 17. Juillet, après midi. Et ont figné.

FRANÇOISE DESGRAIS VEUVE JOURDANT. TRAVENOL.
Et avec Paraphe & Sçel.

DE SAVIGNY. JUDDE. *Notaires.*

Cet Acte eft entre les mains du Sieur Joliveau Tréforier de l'Académie Royale de Mufique.

Au moyen de cette délégation, je fuis donc reftraint à vivre précifément comme le Caméleon ; (1) & c'eft à la rectitude des Entrepreneurs du Concert Spirituel & de l'Opéra, que j'en ai l'obligation. Ces Légiflateurs de ces deux Spectacles ont pour principe, à l'exemple des anciens Romains, de facrifier le bien particulier des Muficiens, au bien général de la Mufique, ou, pour mieux dire, à leurs propres intérêts. Car de ce prétendu bien général ils font feuls leur profit. C'eft ce lâche & mercénaire motif qui les a feul engagés à me retrancher jufqu'au Pain de douleur auquel j'étois déja réduit.

(1) Efpéce de Lézard qui ne vit que d'air, à ce que prétendent nos anciens Naturaliftes.

Dans cette funeste occurrence, persuadé que tout est perdu pour moi, si personne ne s'intéresse à ma triste position, j'ai cru devoir publier l'injustice, & l'inhumanité de ces petits Tyrans du Parnasse, & faire retentir la Cour & la Ville de mes justes clameurs.

Dieu entend du Ciel les gémissemens de ceux qu'il afflige. Sa bonté ne veut pas qu'ils succombent sous le faix de leur misére. Il est des Personnes qu'il a choisi pour administrer sa Providence sur la Terre, & par les mains desquelles cette divine Providence opere en effet tous les jours ses plus grands Miracles. On n'en sauroit douter, & je ne rougis pas de l'avouer publiquement, je le sai par expérience. C'est à ces personnes judicieuses & compatissantes, que j'adresse singulieremenr ce Mémoire. Elles seules peuvent soulager mes peines, & même d'un seul mot réparer tous mes malheurs. Si elles daignent prêter l'oreille de leur cœur à mes légitimes plaintes, je n'aurai plus rien à desirer.

TRAVENOL.

JANNYOT, Proc.

De l'Imprimerie de SEBASTIEN JORRY, rue & vis-à-vis la Comédie Françoise, au Grand Monarque & aux Cigognes, 1758.